AF 194761

Impressum
Verlag: BABADADA GmbH, Nedderfeld 112 , 22529 Hamburg
Geschäftsführer / Verlagsleitung: Harald Hof
Druck: Books on Demand GmbH, In de Tarpen 42, 22848 Norderstedt

Imprint
Publisher: BABADADA GmbH, Nedderfeld 112 , 22529 Hamburg, Germany
Managing Director / Publishing direction: Harald Hof
Print: Books on Demand GmbH, In de Tarpen 42, 22848 Norderstedt

škola
école

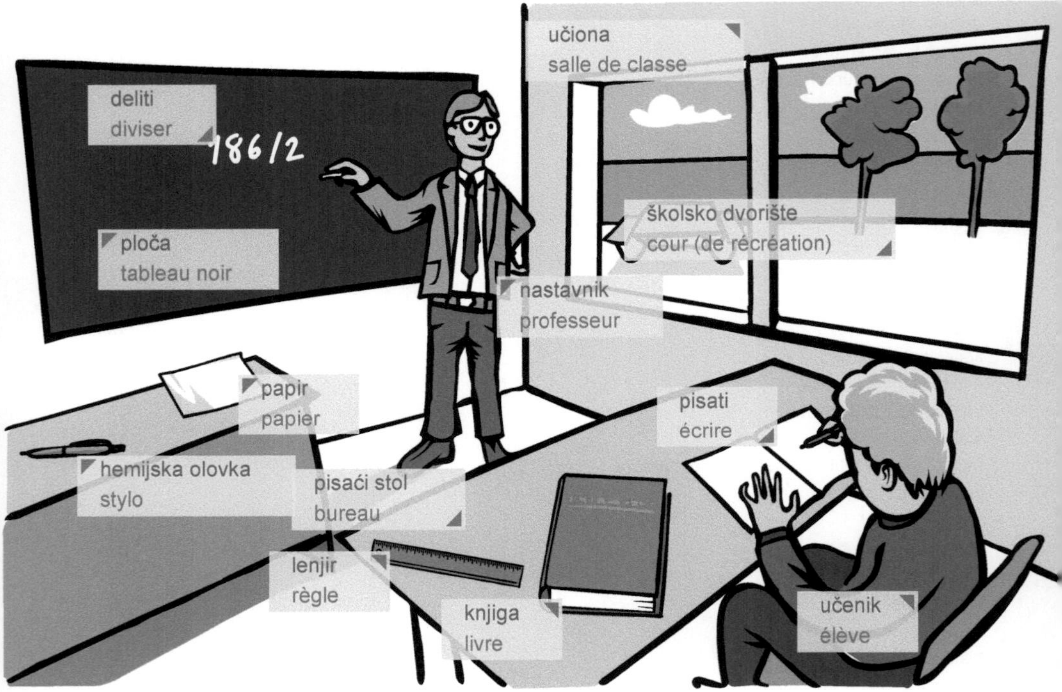

učiona
salle de classe
deliti
diviser
186/2
ploča
tableau noir
školsko dvorište
cour (de récréation)
nastavnik
professeur
papir
papier
pisati
écrire
hemijska olovka
stylo
pisaći stol
bureau
lenjir
règle
knjiga
livre
učenik
élève

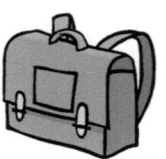

torba

cartable

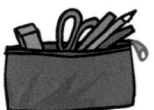

pernica

trousse

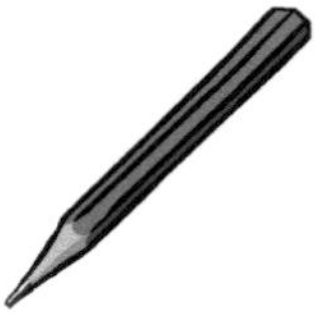

grafitna olovka

crayon

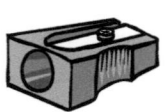

šiljilo za olovke

taille-crayon

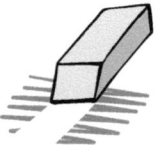

gumica za brisanje

gomme

blok za crtanje

carnet à dessin

crtež

dessin

kist

pinceau

kutija sa bojama

boîte de peinture

makaze

ciseaux

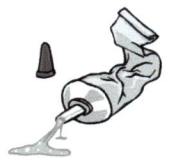

lepilo

colle

beležnica

cahier d'exercices

domaći zadatak

devoirs

broj

chiffre

sabirati

additionner

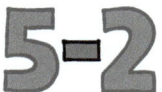

oduzimati

soustraire

množiti

multiplier

računati

calculer

slovo

lettre

abeceda

alphabet

reč

mot

tekst

texte

čitati

lire

kreda

craie

čas

leçon

dnevnik

livre de classe

ispit

examen

svedočanstvo

certificat

školska uniforma

uniforme scolaire

obrazovanje

formation

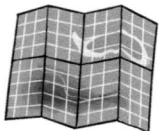

leksikon

lexique

univerzitet

université

mikroskop

microscope

karta

carte

košara za papir

corbeille à papier

putovanje
voyage

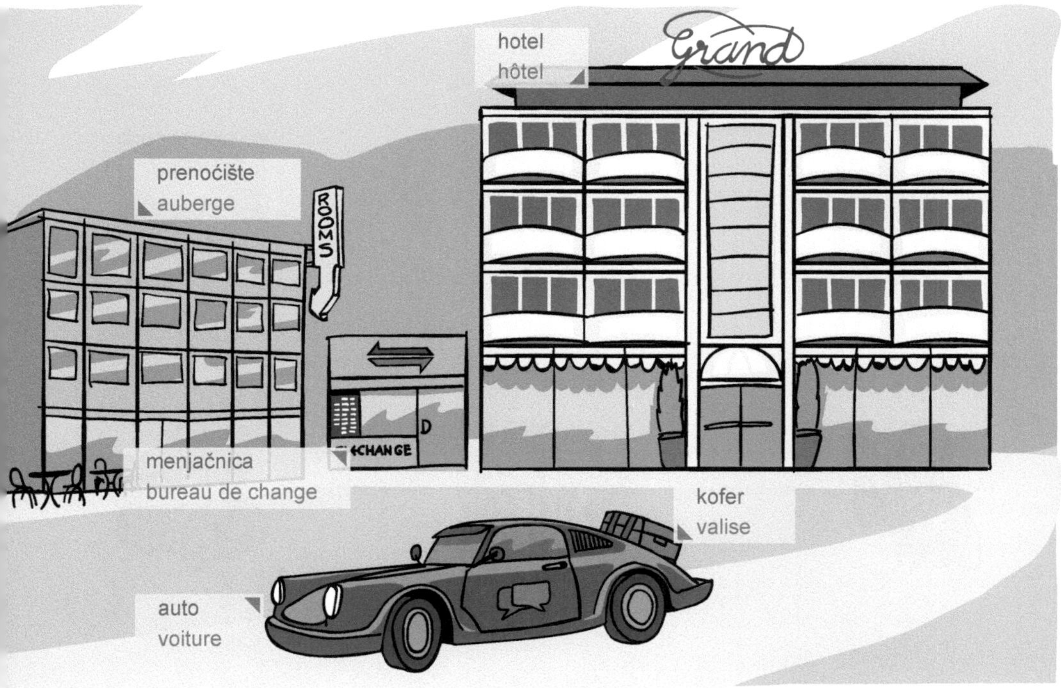
hotel
hôtel
Grand
prenoćište
auberge
ROOMS
menjačnica
bureau de change
kofer
valise
auto
voiture

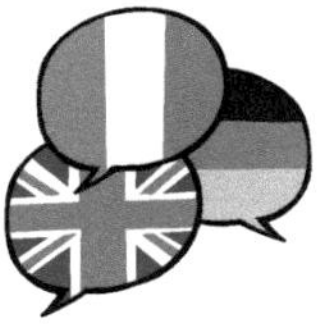

jezik

langue

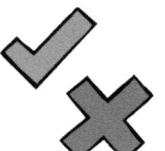

da / ne

oui / non

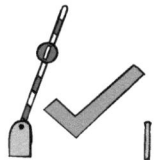

okej

d'accord

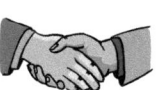

zdravo

Salut

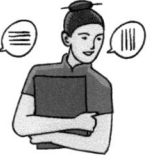

prevodilac

interprète

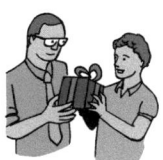

hvala

merci

Koliko košta...?

Combien coûte...?

ne razumem

Je ne comprends pas

problem

problème

dobro veče!

Bonsoir !

Dobro jutro!

Bonjour !

Laku noć!

Bonne nuit !

doviđenja

Au revoir

smer

direction

prtljaga

bagages

torba

sac

ruksak

sac-à-dos

gost

hôte

soba

pièce

vreća za spavanje

sac de couchage

šator

tente

turističke informacije

office de tourisme

plaža

plage

kreditna kartica

carte de crédit

doručak

petit-déjeuner

ručak

déjeuner

večera

dîner

karta za vožnju

billet

lift

ascenseur

poštanska markica

timbre

granica

frontière

carina

douane

ambasada

ambassade

viza

visa

pasoš

passeport

transport

transport

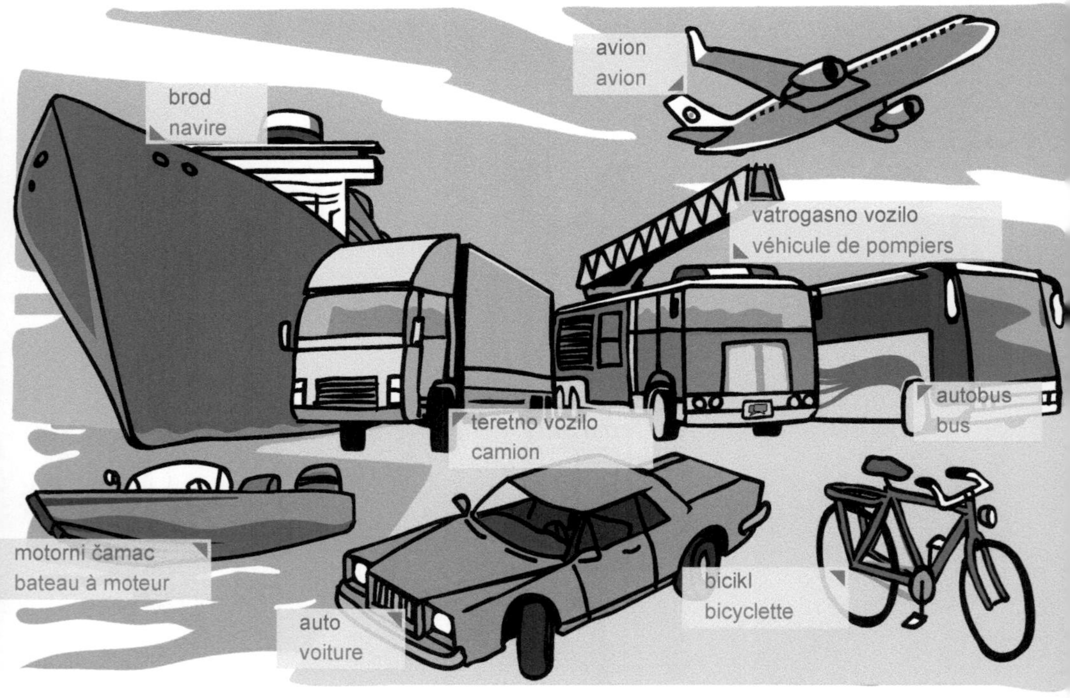

avion
avion
brod
navire
vatrogasno vozilo
véhicule de pompiers
autobus
bus
teretno vozilo
camion
motorni čamac
bateau à moteur
bicikl
bicyclette
auto
voiture

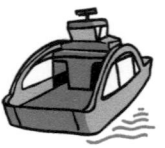

trajekt

ferry

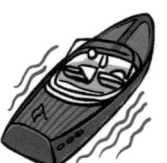

čamac

barque

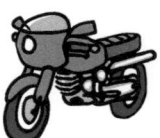

motocikl

moto

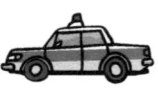

policijski auto

voiture de police

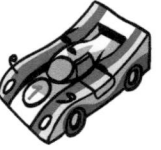

trkaći auto

voiture de course

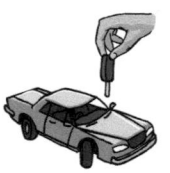

iznajmljeno auto

voiture de location

delenje automobila

auto-partage

vučno vozilo

voiture de remorquage

vozilo za odvoz smeća

benne à ordures

motor

moteur

benzin

essence

benzinska stanica

station d'essence

saobraćajni znak

panneau indicateur

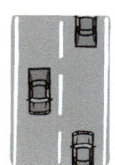

saobraćaj

trafic

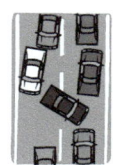

zastoj

embouteillage

parkiralište

parking

železnička stanica

gare

šine

rails

voz

train

tramvaj

tramway

vagon

wagon

helikopter

hélicoptère

aerodrom

aéroport

kula

tour

putnik

passager

kontejner

conteneur

karton

carton

kolica

chariot

korpa

corbeille

uzleteti / sleteti

décoller / atterrir

grad

ville

selo

village

centar grada

centre-ville

kuća

maison

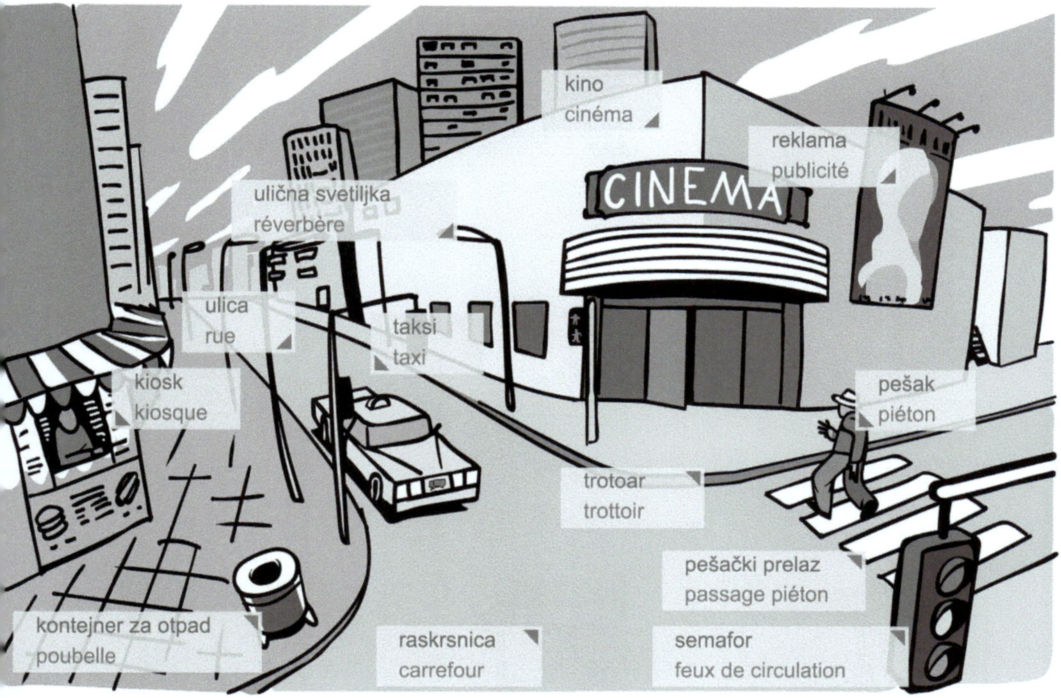

kino
cinéma

reklama
publicité

CINEMA

ulična svetiljka
réverbère

ulica
rue

taksi
taxi

pešak
piéton

kiosk
kiosque

trotoar
trottoir

pešački prelaz
passage piéton

kontejner za otpad
poubelle

raskrsnica
carrefour

semafor
feux de circulation

koliba
cabane

stan
appartement

željeznička stanica
gare

većnica
mairie

muzej
musée

škola
école

univerzitet

université

banka

banque

bolnica

hôpital

hotel

hôtel

apoteka

pharmacie

kancelarija

bureau

knjižara

librairie

prodavnica

magasin

cvećara

fleuriste

supermarket

supermarché

trg

marché

robna kuća

grand magasin

ribarnica

poissonnerie

trgovački centar

centre commercial

luka

port

park
parc

klupa
banque

most
pont

stepenice
escaliers

podzemna železnica
métro

tunel
tunnel

autobuska stanica
arrêt de bus

bar
bar

restoran
restaurant

poštansko sanduče
boîte à lettres

ulični znak
panneau indicateur

parkirni automat
parcmètre

zoološki vrt
zoo

bazen
piscine

džamija
mosquée

seosko gazdinstvo

ferme

zagađenje okoline

pollution

groblje

cimetière

crkva

église

igralište

aire de jeux

hram

temple

pejsaž
paysage

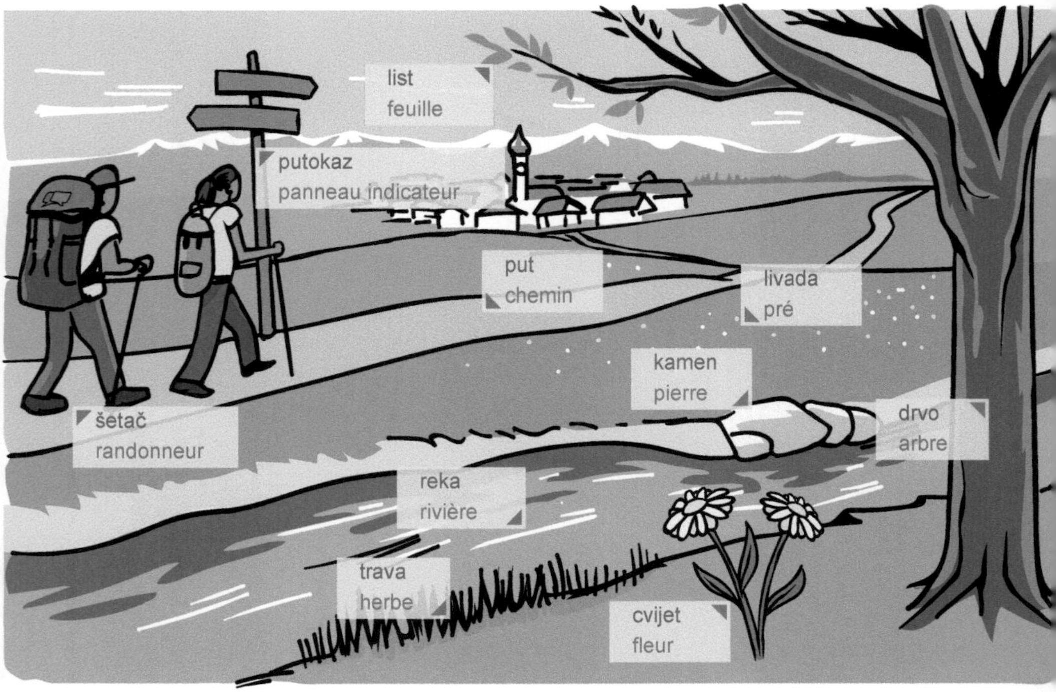

list
feuille

putokaz
panneau indicateur

put
chemin

livada
pré

kamen
pierre

drvo
arbre

šetač
randonneur

reka
rivière

trava
herbe

cvijet
fleur

dolina	planina	jezero
vallée	montagne	lac
	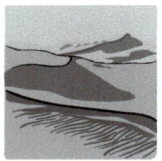	
šuma	pustinja	vulkan
forêt	désert	volcan

dvorac	duga	gljiva
château	arc-en-ciel	champignon

palma	moskito	muva
palmier	moustique	mouche

mrav	pčela	pauk
fourmis	abeille	araignée

buba

coléoptère

žaba

grenouille

veverica

écureuil

jež

hérisson

zec

lièvre

sova

chouette

ptica

oiseau

labud

cygne

divlja svinja

sanglier

jelen

cerf

los

élan

nasip

barrage

vetrenjača

éolienne

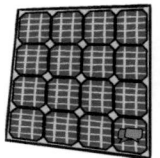

solarna ploča

panneau solaire

klima

climat

restoran
restaurant

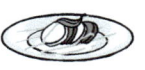

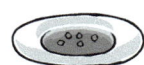

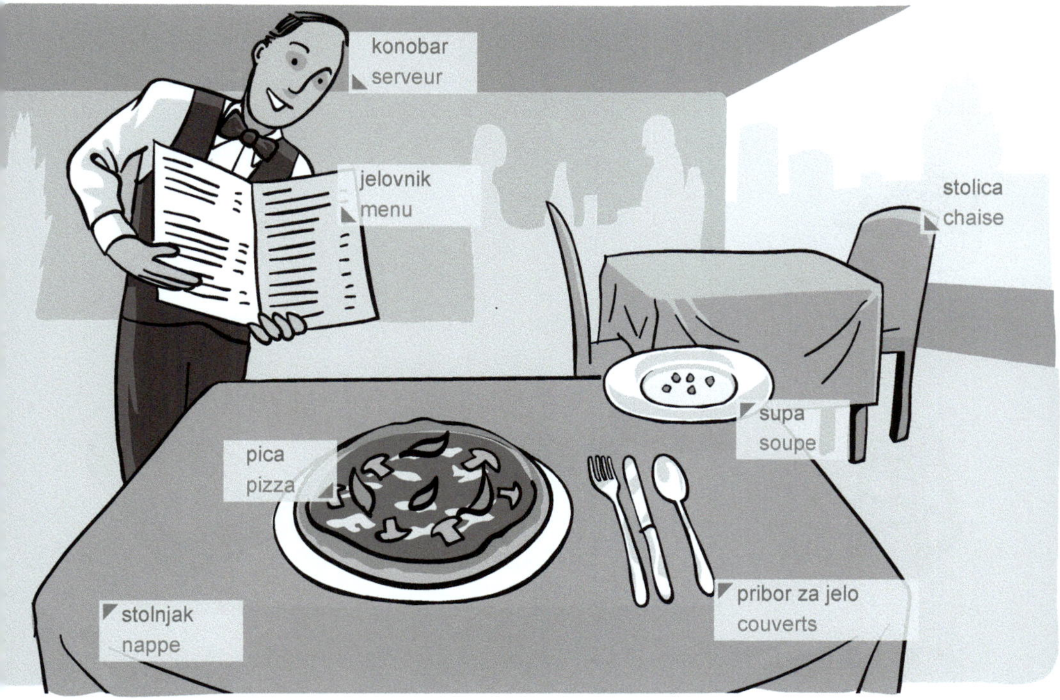

konobar
serveur
jelovnik
menu
stolica
chaise
supa
soupe
pica
pizza
stolnjak
nappe
pribor za jelo
couverts

predjelo

hors d'œuvre

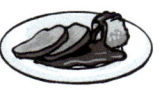

glavno jelo

plat principal

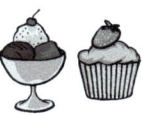

desert

dessert

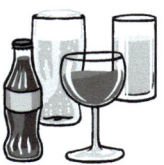

napitci

boissons

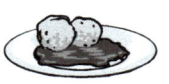

jelo

alimentation

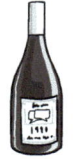

flaša

bouteille

brza hrana

fast-food

imbis hrana

plats à emporter

čajnik

théière

doza za šećer

sucrier

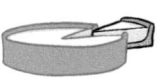

porcija

portion

aparat za espresso

machine à expresso

visoka stolica

chaise haute

račun

facture

poslužavnik

plateau

nož

couteau

viljuška

fourchette

kašika

cuillère

čajna kašika

cuillère à thé

salveta

serviette

čaša

verre

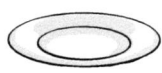

tanjir

assiette

tanjir za supu

assiette à soupe

tanjirić

soucoupe

sos

sauce

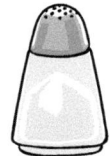

soljenka

salière

mlin za biber

moulin à poivre

sirće

vinaigre

ulje

huile

začini

épices

kečap

ketchup

senf

moutarde

majoneza

mayonnaise

supermarket
supermarché

ponuda
offre promotionnelle
kupac
client
mlečni proizvodi
produits laitiers
voće
fruits
kolica za kupovinu
chariot

BUTCHERS

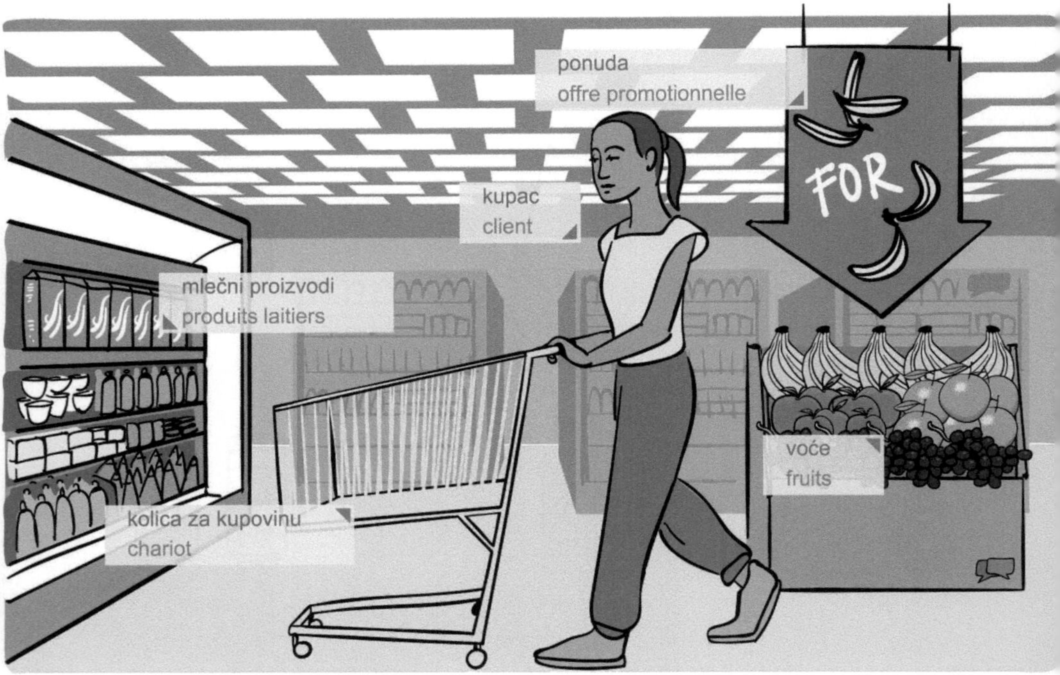

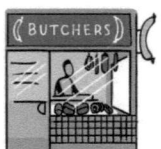

mesnica

boucherie

BAKERY

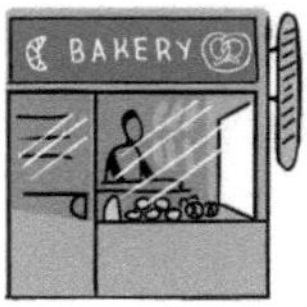

pekara

boulangerie

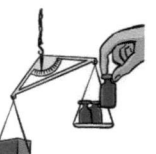

vagati

peser

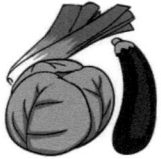

povrće

légumes

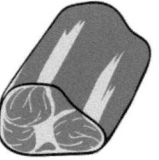

meso

viande

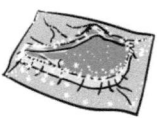

smrznuta hrana

aliments surgelés

narezak

charcuterie

konzerve

conserves

sredstvo za pranje

poudre à lessive

slatkiši

bonbons

artikli za domaćinstvo

articles ménagers

sredstva za čišćenje

détergents

prodavačica

vendeuse

blagajna

caisse

blagajnik

caissier

lista za kupovinu

liste d'achats

vreme rada

heures d'ouverture

novčanik

portefeuille

kreditna kartica

carte de crédit

torba

sac

plastična kesa

sac en plastique

voda

eau

sok

jus de fruit

mleko

lait

kola

coca

vino

vin

pivo

bière

alkohol

alcool

kakao

chocolat chaud

čaj

thé

kava

café

espresso

expresso

cappuccino

cappuccino

banana

banane

jabuka

pomme

narandža

orange

lubenica

melon

limun

citron

šargarepa

carotte

beli luk

ail

bambus

bambou

luk

oignon

gljiva

champignon

orašasti plodovi

noisettes

rezanci

pâtes

špagete

spaghetti

riža

riz

salata

salade

pomfrit

pommes frites

pečeni krumpir

pommes de terre rôties

pica

pizza

hamburger

hamburger

sendvič

sandwich

šnicla

escalope

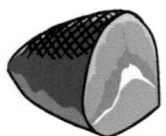

šunka

jambon

salama

salami

kobasica

saucisse

kokoš

poulet

pečenje

rôti

riba

poisson

zobene pahuljice

flocons d'avoine

musli

muesli

kukuruzne pahuljice

cornflakes

brašno

farine

kroasan

croissant

pecivo

petits-pains

hleb

pain

toast

pain grillé

keksi

biscuits

maslac

beurre

sveži sir

le fromage blanc

kolač

gâteau

jaje

œuf

jaje na oko

œuf au plat

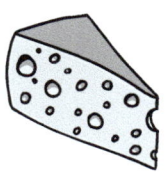

sir

fromage

sladoled
glace

šećer
sucre

med
miel

marmelada
confiture

nugat krema
crème nougat

kari
curry

seosko gazdinstvo

ferme

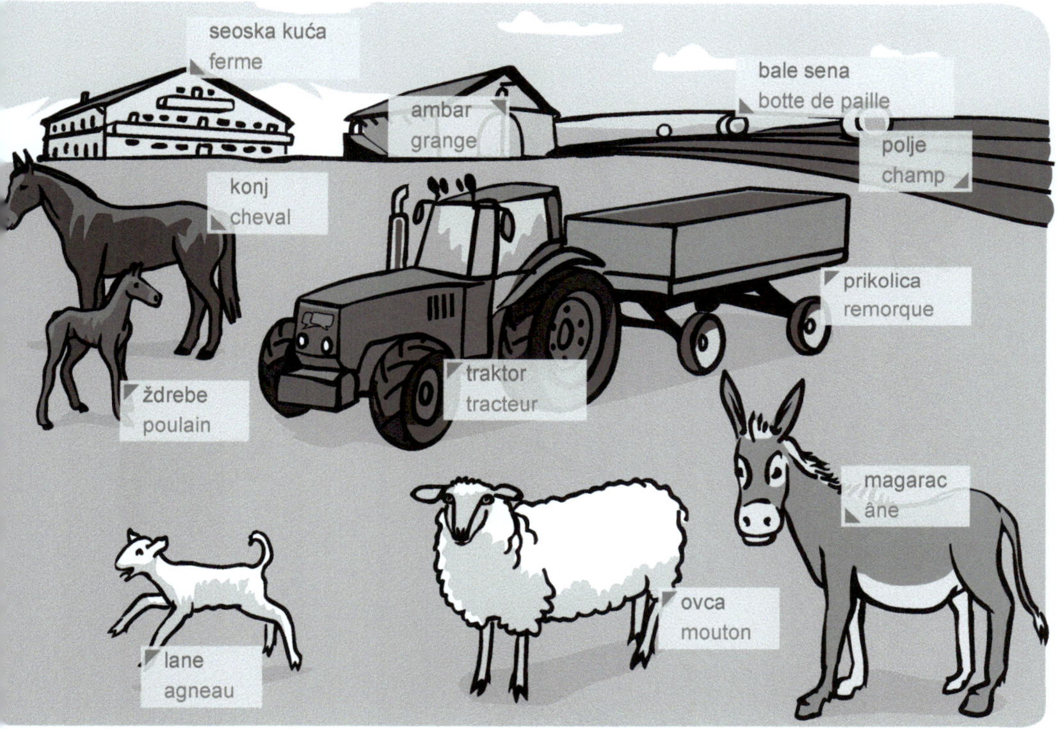

seoska kuća
ferme
ambar
grange
bale sena
botte de paille
polje
champ
konj
cheval
prikolica
remorque
traktor
tracteur
ždrebe
poulain
magarac
âne
ovca
mouton
lane
agneau

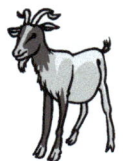

koza
chèvre

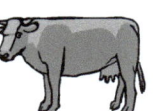

krava
vache

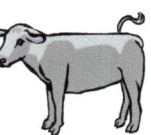

tele
veau

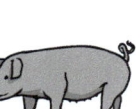

svinja
porc

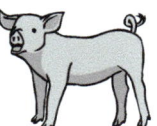

prase
porcelet

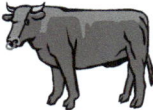

bik
taureau

guska

oie

patka

canard

pilići

poussin

kokoš

poule

petao

coq

pacov

rat

mačka

chat

miš

souris

vol

bœuf

pas

chien

kućica za psa

chenil

vrtno crevo

tuyau de jardin

kanta za polivanje

arrosoir

kosa

faucheuse

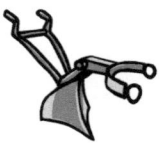

plug

charrue

srp

faucille

motika

pioche

viljuška za đubrivo

fourche

sekira

hache

tačke

brouette

korito

cuve

posuda za mleko

pot à lait

vreća

sac

ograda

clôture

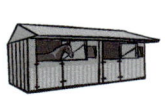

štala

étable

staklenik

serre

zemlja

sol

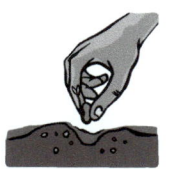

seme

semences

đubrivo

engrais

kombajn

moissonneuse-batteuse

žeti

récolter

žetva

récolte

jams začin

igname

pšenica

blé

soja

soja

krumpir

pomme de terre

kukuruz

maïs

uljana repica

colza

voćka

arbre fruitier

gomolj manioke

manioc

žitarice

céréales

kuća
maison

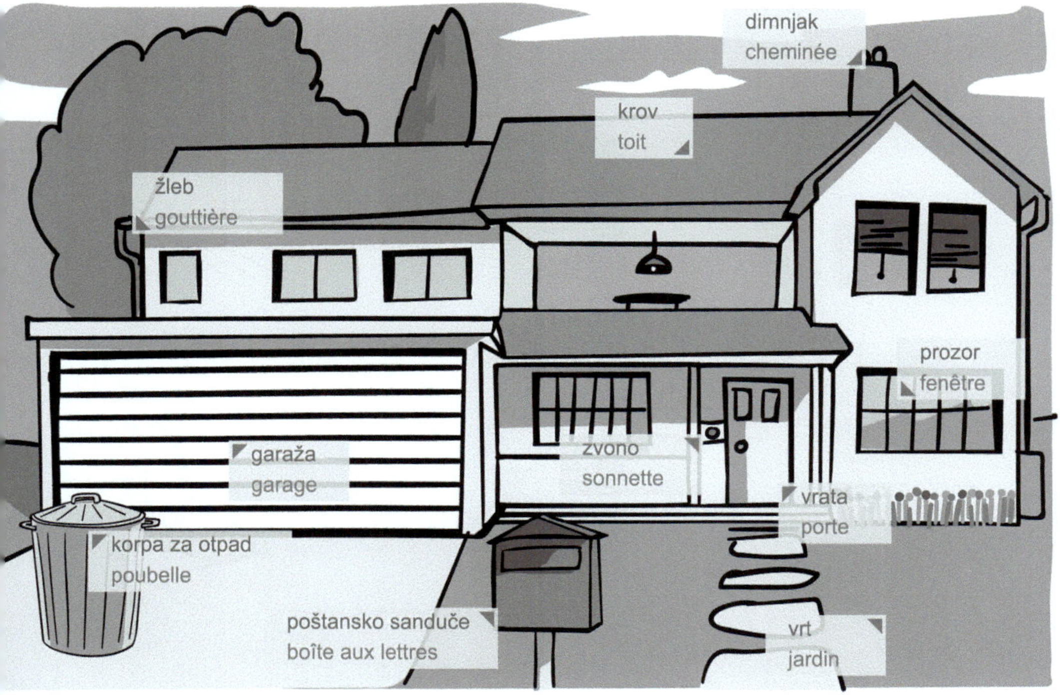

dimnjak
cheminée
krov
toit
žleb
gouttière
prozor
fenêtre
garaža
garage
zvono
sonnette
vrata
porte
korpa za otpad
poubelle
poštansko sanduče
boîte aux lettres
vrt
jardin

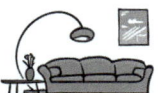

dnevna soba

salon

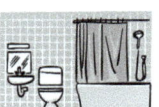

kupaonica

salle de bain

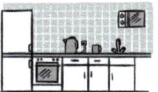

kuhinja

cuisine

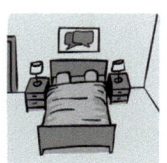

spavaća soba

chambre à coucher

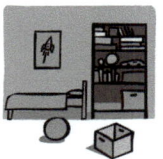

dečija soba

chambre d'enfant

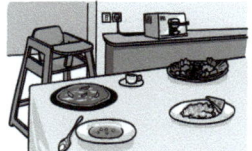

trpezarija

salle à manger

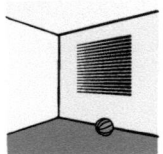

pod

sol

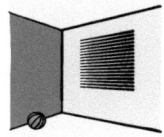

zid

mur

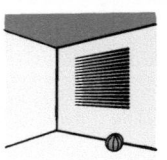

strop

plafond

podrum

cave

sauna

sauna

balkon

balcon

terasa

terrasse

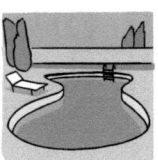

bazen

piscine

kosilica za travu

tondeuse à gazon

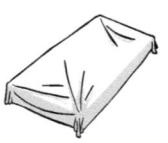

posteljina za krevet

housse

deka za krevet

couette

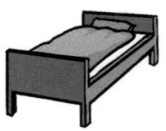

krevet

lit

metla

balai

kanta

sceau

prekidač

interrupteur

dnevna soba
salon

tapeta
papier peint
slika
image
svetiljka
lampe
regal
étagère
ormar
armoire
televizija
télé
kamin
cheminée
cvijet
fleur
jastuk
coussin
kauč
sofa
vaza
vase
daljinski upravljač
télécommande

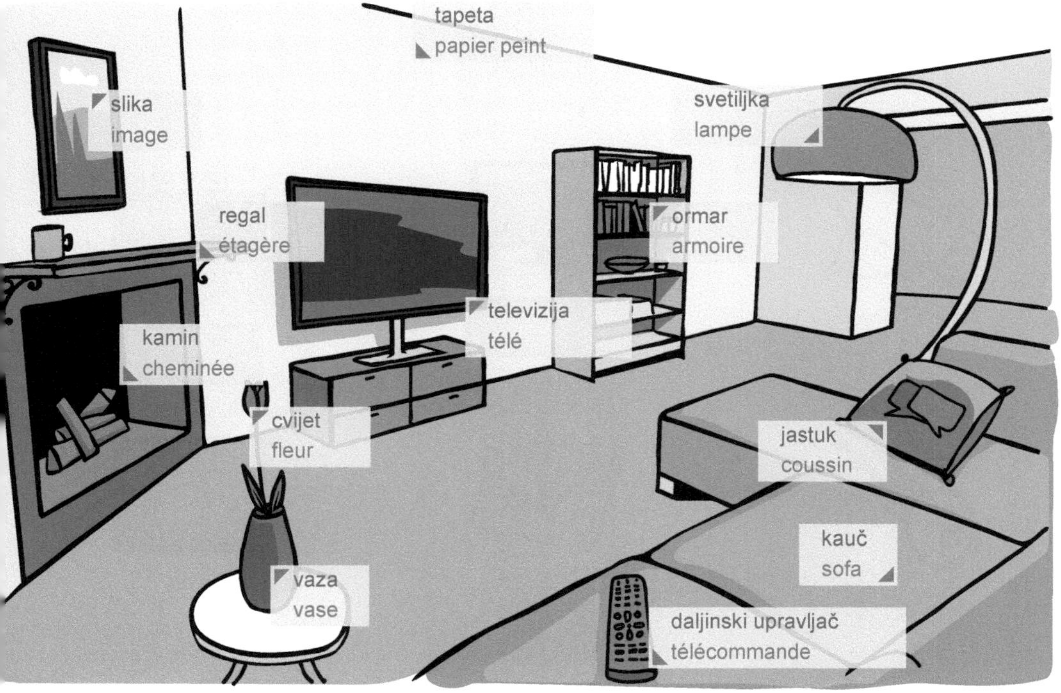

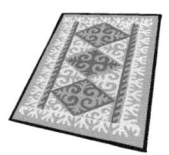

tepih

tapis

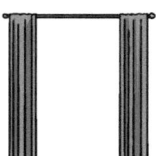

zavesa

rideau

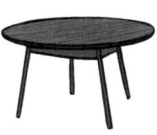

sto

table

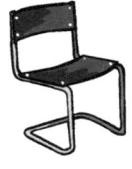

stolica

chaise

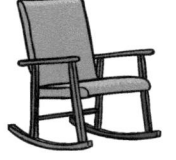

stolica za njihanje

chaise à bascule

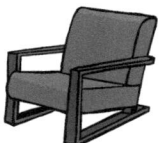

fotelja

fauteuil

knjiga

livre

deka

couverture

dekoracija

décoration

drvo za ogrev

bois de chauffage

film

film

hi-fi uređaj

chaîne hi-fi

ključ

clé

novine

journal

slika na platnu

peinture

poster

poster

radio

radio

blok za pisanje

bloc-notes

usisivač

aspirateur

kaktus

cactus

sveća

bougie

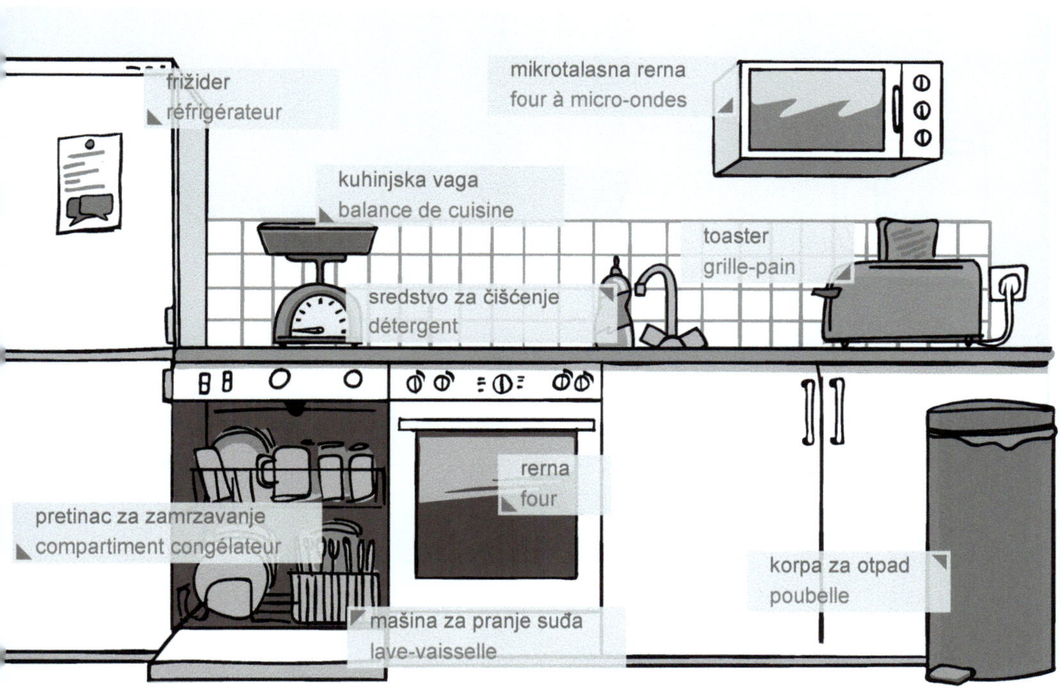

frižider
réfrigérateur

mikrotalasna rerna
four à micro-ondes

kuhinjska vaga
balance de cuisine

toaster
grille-pain

sredstvo za čišćenje
détergent

rerna
four

pretinac za zamrzavanje
compartiment congélateur

korpa za otpad
poubelle

mašina za pranje suđa
lave-vaisselle

šporet

four

lonac

casserole

gvozdeni lonac

marmite

wok / kadai

wok / kadai

tava

poêle

kuvalo za vodu

bouilloire electrique

kuvalo na paru

cuiseur vapeur

lim za pečenje

plaque de cuisson

posuđe

vaisselle

čaša

gobelet

posuda

coupe

štapići za jelo

baguettes

kutlača

louche

lopatica

spatule

penjača

fouet

sito za kuvanje

passoire

sito

tamis

ribež

râpe

mužar

mortier

roštilj

barbecue

ognjište

cheminée

daska

planche à découper

oklagija

rouleau à pâtisserie

vadičep

tire-bouchon

konzerva

boîte

otvarač konzervi

ouvre-boîte

krpa za lonac

maniques

sudoper

lavabo

četka

brosse

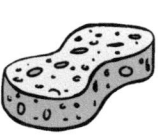

sunđer

éponge

mikser

mixeur

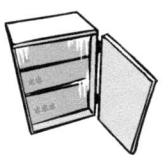

zamrzivač

congélateur

flašica za bebe

biberon

slavina za vodu

robinet

kupaonica

salle de bain

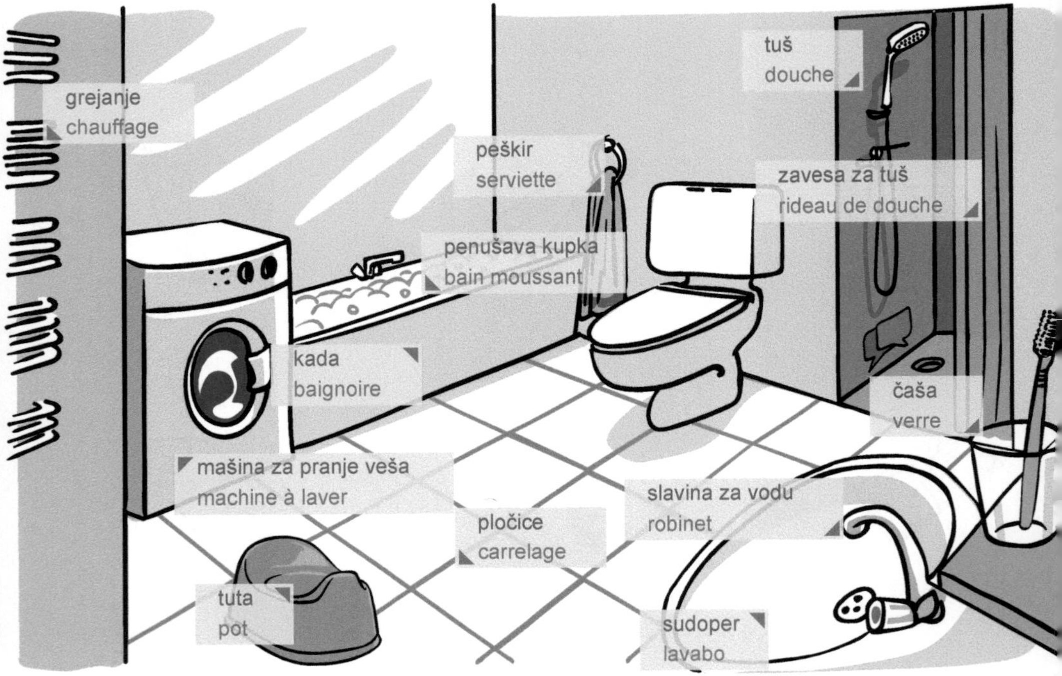

tuš
douche

grejanje
chauffage

peškir
serviette

zavesa za tuš
rideau de douche

penušava kupka
bain moussant

kada
baignoire

čaša
verre

mašina za pranje veša
machine à laver

pločice
carrelage

slavina za vodu
robinet

tuta
pot

sudoper
lavabo

toalet

toilettes

čučavac

toilette à la turque

bidet

bidet

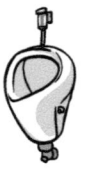

pisoar

urinoir

toaletni papir

papier toilette

četka za toalet

brosse à toilette

četkica za zube

brosse à dents

pasta za zube

dentifrice

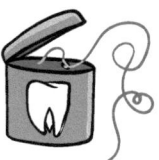

konac za zube

fil dentaire

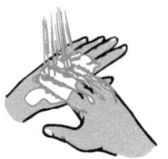

prati

laver

tuš ručica

douche manuelle

tuš za pranje intimnih delova

douche intime

lavor

vasque

četka za pranje leđa

brosse dorsale

sapun

savon

gel za tuširanje

gel douche

šampon

shampooing

krpa za pranje

gant de toilette

odvod

écoulement

krema

crème

dezodorans

déodorant

ogledalo

miroir

kozmetičko ogledalo

miroir cosmétique

brijač

rasoir

pena za brijanje

mousse à raser

losion za posle brijanja

après-rasage

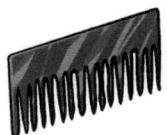

češalj

peigne

četka

brosse

fen za kosu

sèche-cheveux

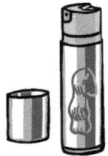

sprej za kosu

laque pour cheveux

makeup

fond de teint

ruž za usne

rouge à lèvres

lak za nokte

vernis à ongles

vata

ouate

makaze za nokte

coupe-ongles

parfem

parfum

kozmetička torbica

trousse de toilette

stolica

tabouret

vaga

pèse-personne

ogrtač

peignoir

rukavice za čišćenje

gants de nettoyage

tampon

tampon

uložak

serviettes hygiéniques

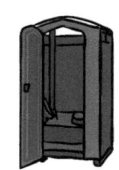

hemijski toalet

toilette chimique

dečija soba
chambre d'enfant

budilnik
réveil
plišana igračka
doudou
auto igračka
voiture jouet
zvečka
hochet
kućica za lutke
maison de poupée
poklon
cadeau

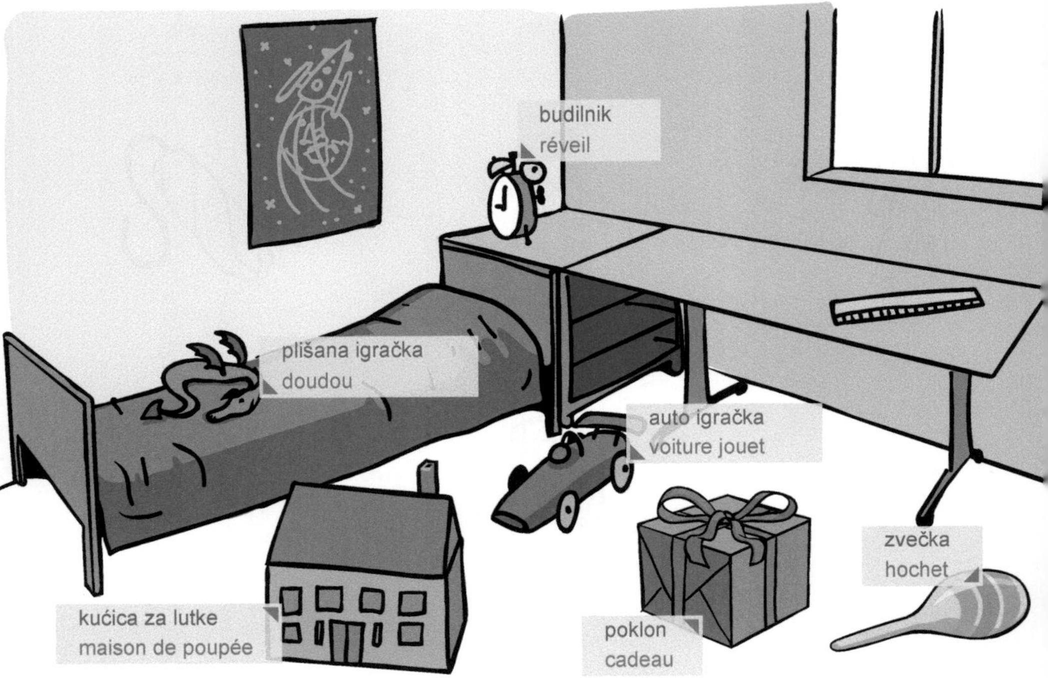

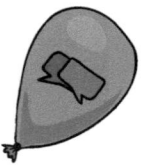

balon

ballon

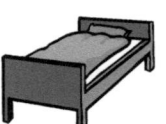

krevet

lit

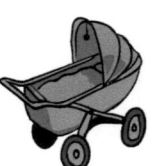

dječija kolica

poussette

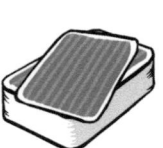

igra s kartama

jeu de cartes

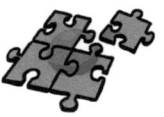

slagalica

puzzle

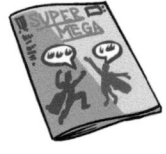

strip

bande dessinée

lego kockice

pièces lego

kockice za slaganje

blocs de construction

akcioni junak

figurine

benkica za bebe

grenouillère

frizbi

frisbee

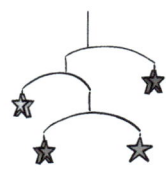

viseće igračke

mobile

društvene igre

jeu de société

kocka

dé

minijaturna željeznica

train miniature

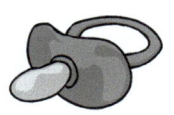

duda

sucette

zabava

fête

slikovnica

livre d'images

lopta

balle

lutka

poupée

igrati

jouer

pješčanik

bac à sable

ljuljačka

balançoire

igračka

jouets

konzola za igre

console de jeu

tricikl

tricycle

tedi

ours en peluche

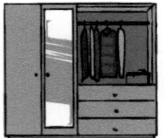

ormar

armoire

odeća

vêtements

kratke čarape

chaussettes

čarape

bas

hulahopke

collant

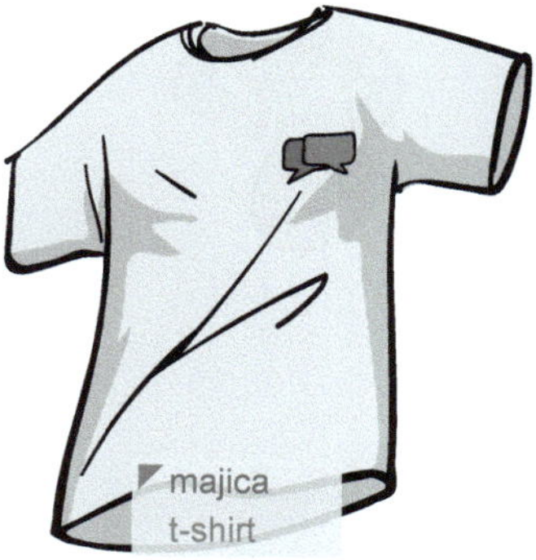

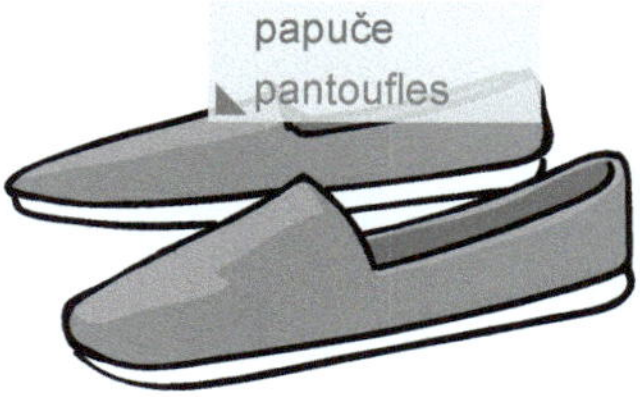

šal
écharpe

kaiš
ceinture

kišobran
parapluie

majica
t-shirt

čizme
bottes

papuče
pantoufles

patike
baskets

sandale
sandales

cipele
chaussures

gumene čizme
bottes de caoutchouc

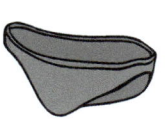

gaćice
sous-vêtements

grudnjak
soutien-gorge

potkošulja
maillot de corps

odeća - vêtements

bodi
body

pantalone
pantalon

farmerke
jean

suknja
jupe

bluza
chemisier

košulja
chemise

džemper
pull

džemper s kapuljačom
sweat à capuche

sako
veste

jakna
veste

kaput
manteau

kabanica
imperméable

kostim
costume

haljina
robe

venčanica
robe de mariée

odelo

costume

spavaćica

chemise de nuit

pidžama

pyjama

sari

sari

marama za glavu

foulard

turban

turban

burka

burqa

kaftan

caftan

abaja

abaya

kupaći kostim

maillot de bain

kupaće gaćice

maillot de bain

kratke pantalone

short

odeća za trening

tenue d'entraînement

kecelja

tablier

rukavice

gants

dugme

bouton

naočare

lunettes

narukvica

bracelet

ogrlica

collier

prsten

bague

naušnica

boucle d'oreille

kapa

bonnet

vešalica

cintre

šešir

chapeau

kravata

cravate

patent zatvarač

fermeture éclair

kaciga

casque

naramenice

bretelles

školska uniforma

uniforme scolaire

uniforma

uniforme

podbradak

bavoir

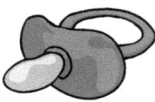

duda

sucette

pelena

lange

kancelarija
bureau

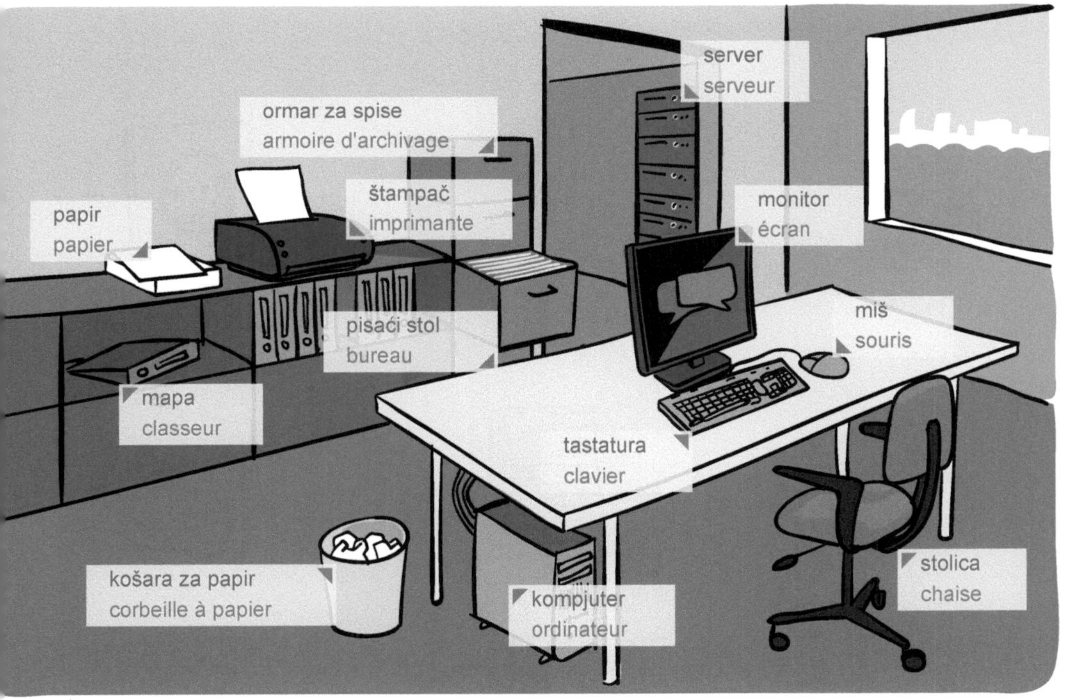

server
serveur

ormar za spise
armoire d'archivage

štampač
imprimante

papir
papier

monitor
écran

miš
souris

pisaći stol
bureau

mapa
classeur

tastatura
clavier

stolica
chaise

košara za papir
corbeille à papier

kompjuter
ordinateur

šalica za kavu

tasse de café

kalkulator

calculatrice

internet

internet

laptop

ordinateur portable

pismo

lettre

poruka

message

mobilni telefon

portable

mreža

réseau

uređaj za kopiranje

photocopieuse

softver

logiciel

telefon

téléphone

utičnica

prise

faks

fax

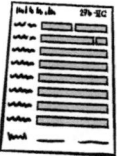

formular

formulaire

dokument

document

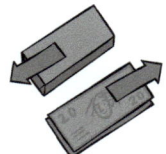

kupovati

acheter

platiti

payer

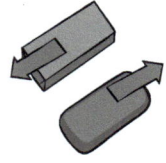

trgovati

faire du commerce

novac

monnaie

dolar

dollar

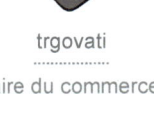

evro

euro

jen

yen

rublja

rouble

švajcarski franak

franc suisse

renmindbi juan

renminbi yuan

rupija

roupie

automat za novac

distributeur automatique

menjačnica

bureau de change

zlato

or

srebro

argent

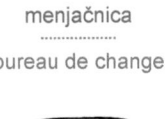

nafta

pétrole

energija

énergie

cena

prix

ugovor

contrat

porez

taxe

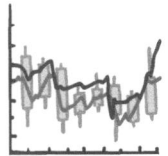

deonica

action

raditi

travailler

službenik

employé

poslodavac

employeur

fabrika

usine

prodavnica

magasin

zanimanja
professions

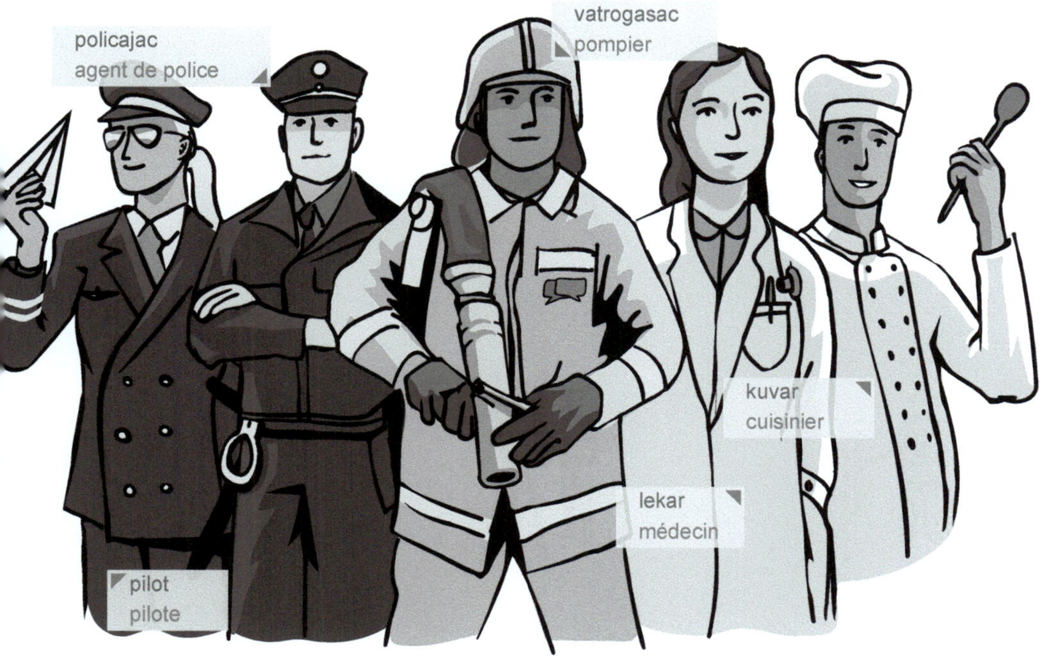
policajac
agent de police
vatrogasac
pompier
kuvar
cuisinier
lekar
médecin
pilot
pilote

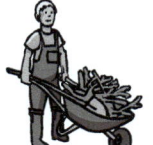

vrtlar

jardinier

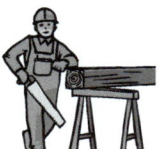

stolar

menuisier

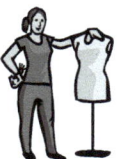

krojačica

couturière

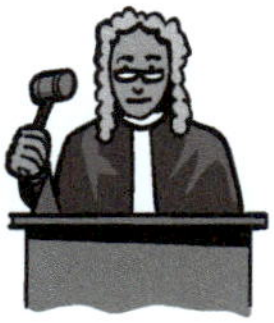

sudija

juge

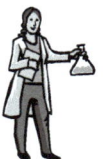

hemičar

chimiste

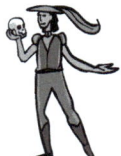

glumac

acteur

vozač autobusa

conducteur de bus

vozač taksija

chauffeur de taxi

ribar

pêcheur

čistačica

femme de ménage

krovopokrivač

couvreur

konobar

serveur

lovac

chasseur

slikar

peintre

pekar

boulanger

električar

électricien

građevinski radnik

ouvrier

inženjer

ingénieur

mesar

boucher

limar

plombier

poštar

facteur

vojnik

soldat

arhitekta

architecte

blagajnik

caissier

cvećar

fleuriste

frizer

coiffeur

kondukter

contrôleur

mehaničar

mécanicien

kapetan

capitaine

zubar

dentiste

naučnik

scientifique

rabi

rabbin

imam

imam

monah

moine

svećenik

prêtre

alati

outils

čekić
marteau
klešta
pinces
odvijač
tournevis
ključ za zavrtnje
clé
džepna lampa
torche

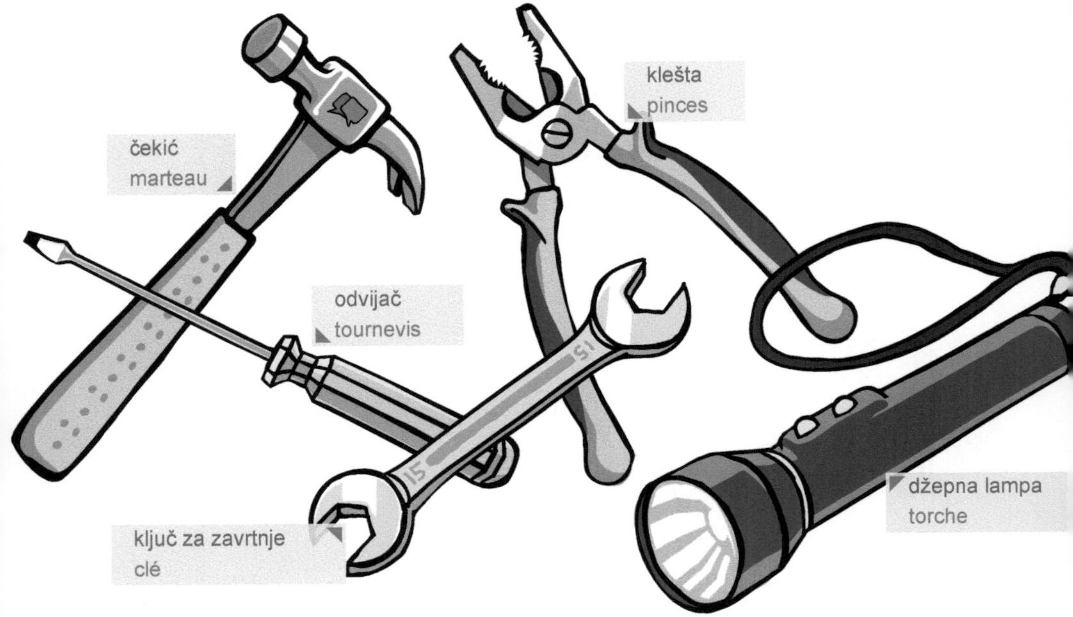

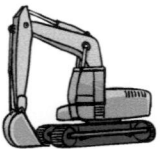

bager

pelleteuse

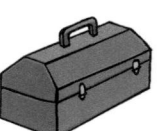

kutija za alat

boîte à outils

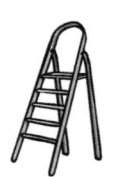

merdevine

échelle

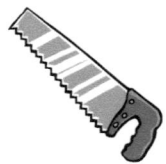

pila

scie

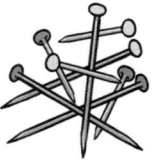

ekser

clous

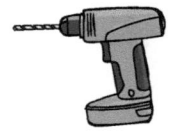

bušilica

perceuse

popraviti

réparer

lopata

pelle

do đavola!

Mince !

lopatica

pelle

lonac za boju

pot de peinture

zavrtanji

vis

muzički instrument
instruments de musique

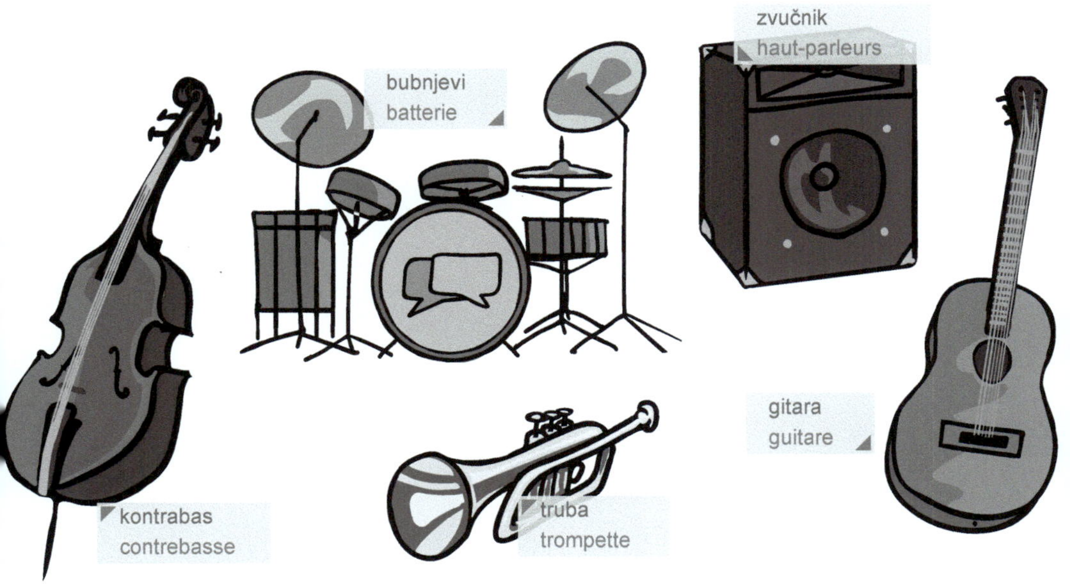

bubnjevi
batterie

zvučnik
haut-parleurs

kontrabas
contrebasse

truba
trompette

gitara
guitare

klavir

piano

violina

violon

bas

basse

timpani

timbales

udaraljke za bubnjeve

tambour

tipke klavira

piano électrique

saksofon

saxophone

flauta

flûte

mikrofon

microphone

zoološki vrt

zoo

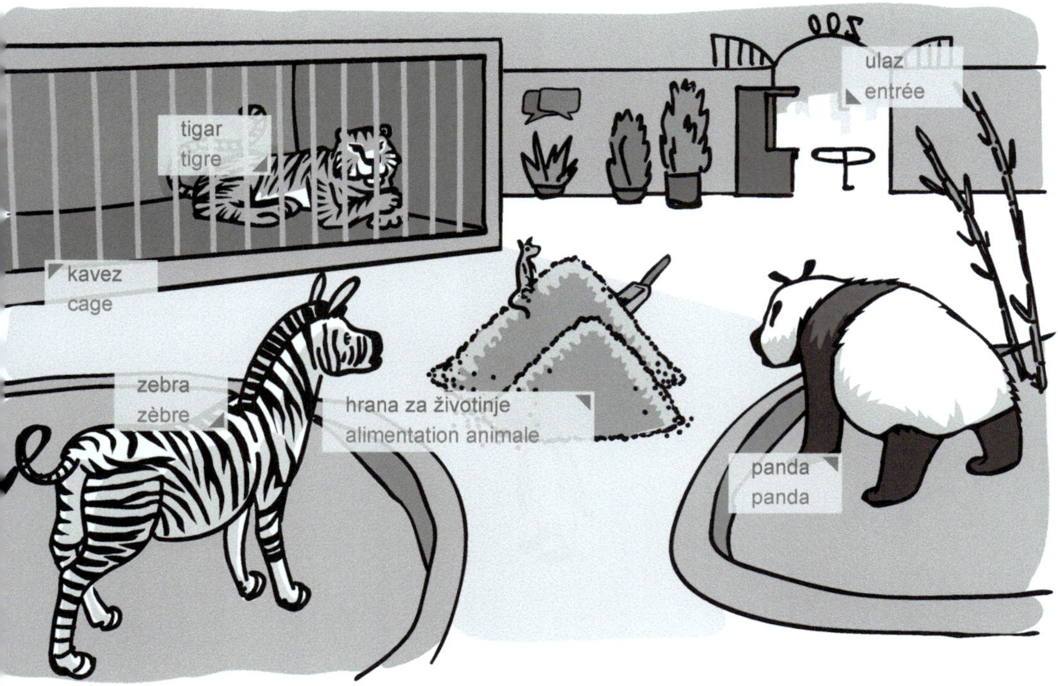

zoo
tigar
tigre
kavez
cage
ulaz
entrée
zebra
zèbre
hrana za životinje
alimentation animale
panda
panda

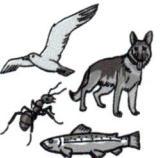

životinje

animaux

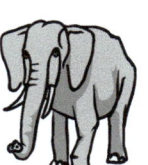

slon

éléphant

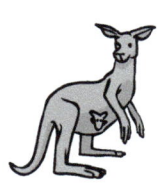

kengur

kangourou

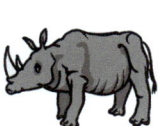

nosorog

rhinocéros

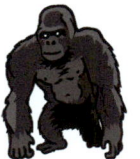

gorila

gorille

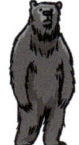

medved

ours

kamila

chameau

noj

autruche

lav

lion

majmun

singe

flamingo

flamand rose

papagaj

perroquet

polarni medved

ours polaire

pingvin

pingouin

ajkula

requin

paun

paon

zmija

serpent

krokodil

crocodile

čuvar u zoološkom vrtu

gardien de zoo

tuljan

phoque

jaguar

jaguar

poni

poney

leopard

léopard

nilski konj

hippopotame

žirafa

girafe

orao

aigle

divlja svinja

sanglier

riba

poisson

kornjača

tortue

morž

morse

lisica

renard

gazela

gazelle

američki nogomet
american Football

biciklizam
cyclisme

tenis
tennis

košarka
basket-ball

plivanje
natation

boks
boxe

hokej na ledu
hockey sur glace

fudbal
football

badminton
badminton

atletika
athlétisme

rukomet
handball

skijanje
ski

polo
polo

The following illustration shows various activities:

- smejati se / rire
- skočiti / sauter
- zagrliti / embrasser
- ići / marcher
- pevati / chanter
- sanjati / rêver
- moliti se / prier
- poljubiti / faire la bise

pisati
écrire

crtati
dessiner

pokazati
montrer

gurati
pousser

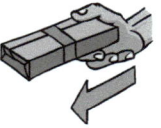

dati
donner

uzeti
prendre

imati

avoir

činiti

faire

biti

être

stojati

être debout

trčati

courir

povlačiti

trier

baciti

jeter

padati

tomber

ležati

être couché

čekati

attendre

nositi

porter

sediti

être assis

oblačiti

s'habiller

spavati

dormir

probuditi se

se réveiller

gledati
regarder

plakati
pleurer

milovati
caresser

češljati
peigner

govoriti
parler

razumeti
comprendre

pitati
demander

slušati
écouter

piti
boire

jesti
manger

pospremiti
ranger

voleti
aimer

kuhati
cuire

voziti
conduire

leteti
voler

ploviti

faire de la voile

računati

calculer

čitati

lire

učiti

apprendre

raditi

travailler

venčati se

se marier

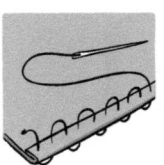

šiti

coudre

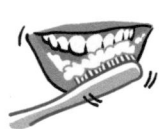

prati zube

brosser les dents

ubiti

tuer

pušiti

fumer

poslati

envoyer

porodica
famille

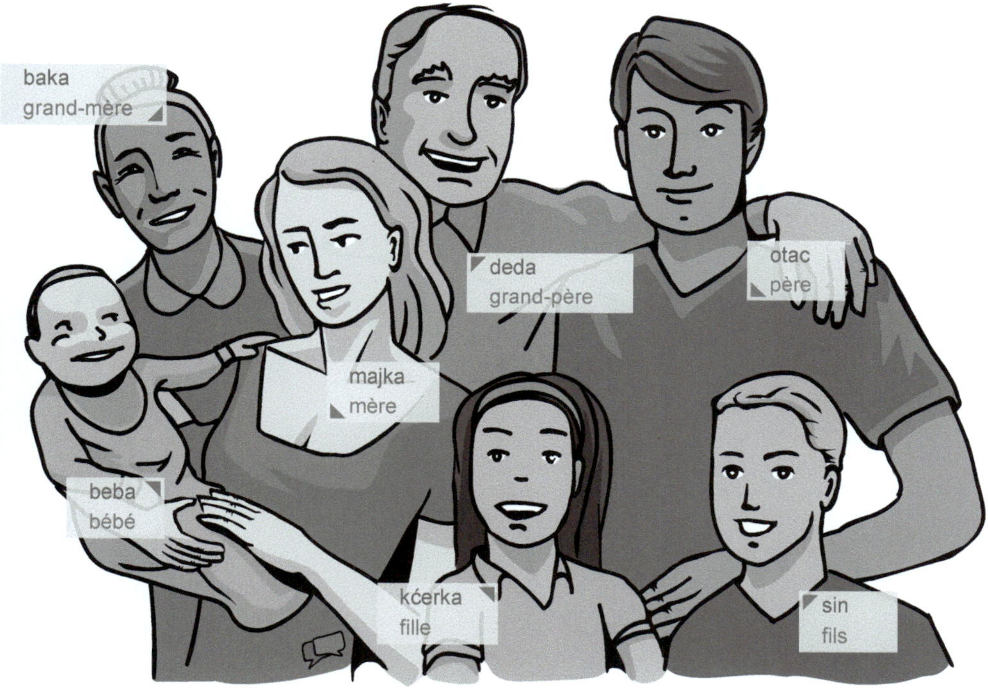
baka
grand-mère
deda
grand-père
otac
père
majka
mère
beba
bébé
kćerka
fille
sin
fils

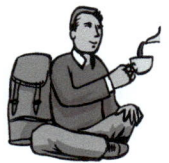

gost
hôte

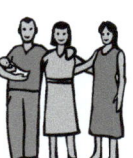

tetka
tante

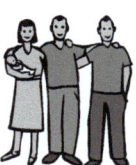

ujak, stric
oncle

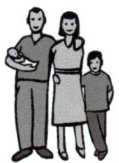

brat
frère

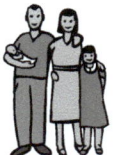

sestra
sœur

telo

corps

čelo
front
oko
œil
lice
visage
brada
menton
prst
doigt
ruka
main
grudi
poitrine
ruka
bras
rame
épaule
noga
jambe

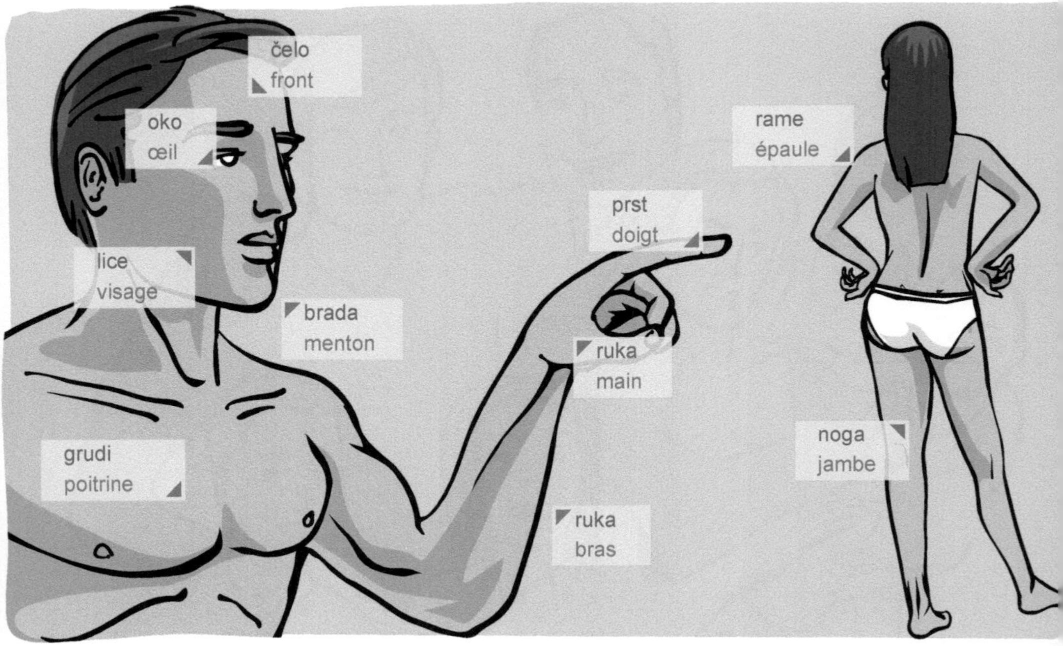

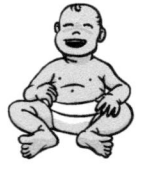

beba

bébé

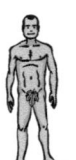

muškarac

homme

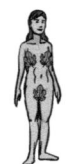

žena

femme

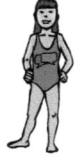

devojčica

fille

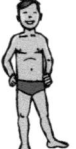

dečak

garçon

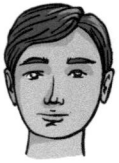

glava

tête

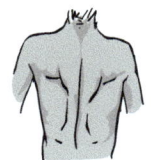

leđa
dos

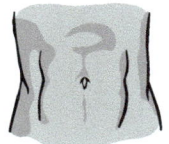

stomak
ventre

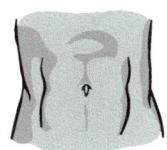

pupak
nombril

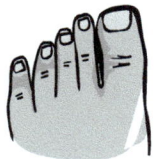

nožni prst
orteil

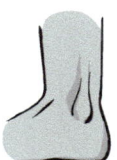

peta
talon

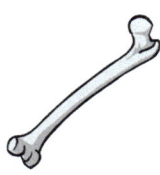

kost
os

kukovi
hanche

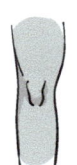

koleno
genou

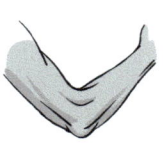

lakat
coude

nos
nez

zadnjica
fesses

koža
peau

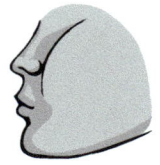

obraz
joue

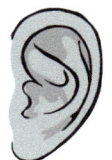

uvo
oreille

usna
lèvre

telo - corps

usta

bouche

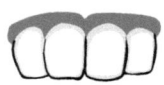

zub

dent

jezik

langue

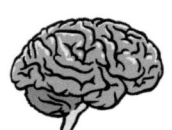

mozak

cerveau

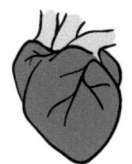

srce

cœur

mišić

muscle

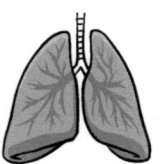

pluća

poumons

jetra

foie

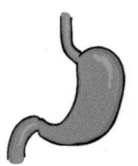

želudac

estomac

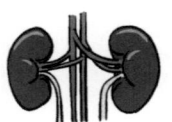

bubrezi

reins

polni odnos

rapport sexuel

kondom

préservatif

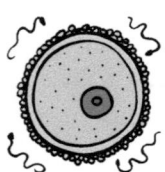

jajna ćelija

ovule

sperma

sperme

trudnoća

grossesse

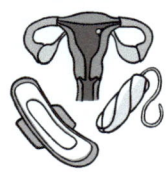

menstruacija
menstruation

vagina
vagin

penis
pénis

obrva
sourcil

kosa
cheveux

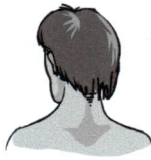

vrat
cou

bolnica
hôpital

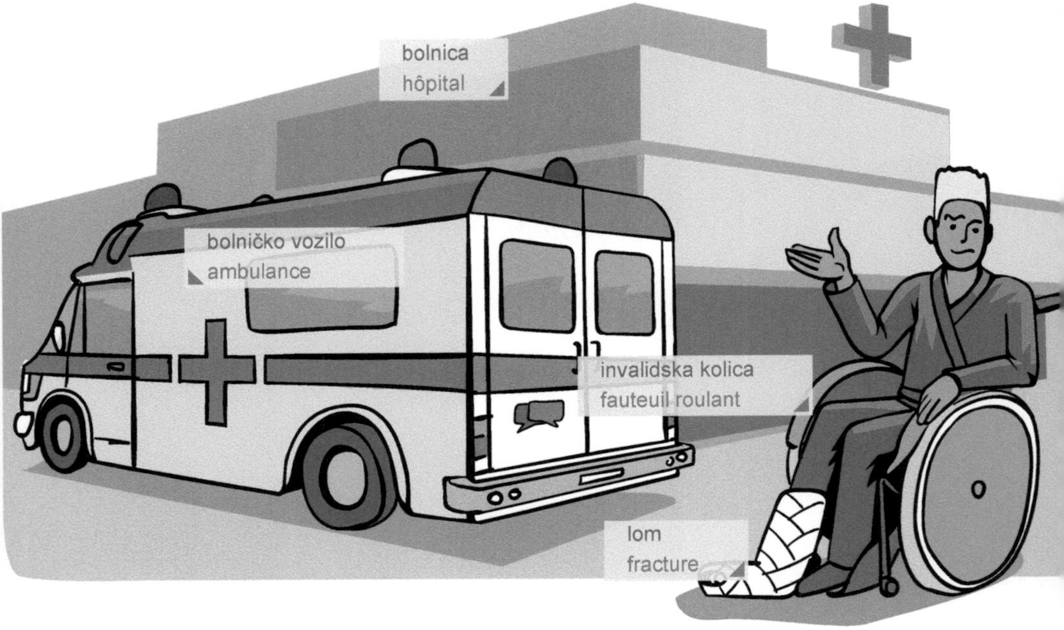

bolnica
hôpital
bolničko vozilo
ambulance
invalidska kolica
fauteuil roulant
lom
fracture

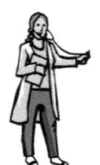

lekar

médecin

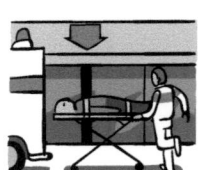

hitna medicinska služba

service des urgences

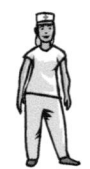

medicinska sestra

infirmière

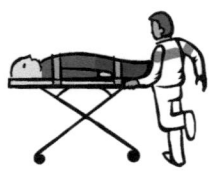

hitni slučaj

urgence

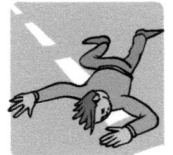

nesvest

inconscient

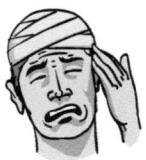

bol

douleur

povreda

blessure

krvarenje

hémorragie

srčani udar

crise cardiaque

udar

attaque cérébrale

alergija

allergie

kašalj

toux

groznica

fièvre

gripa

grippe

proliv

diarrhée

glavobolja

mal de tête

rak

cancer

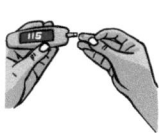

dijabetes

diabète

hirurg

chirurgien

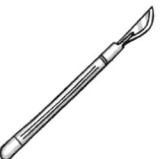

skalpel

scalpel

operacija

opération

ct
....
CT

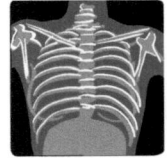

rentgen
....
radiographie

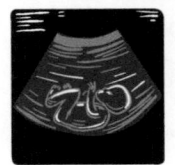

ultrazvuk
....
échographie

maska
....
masque

bolest
....
maladie

čekaona
....
salle d'attente

štaka
....
béquille

flaster
....
pansement

zavoj
....
pansement

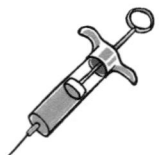

injekcija
....
injection

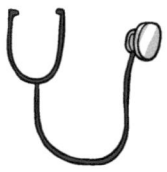

stetoskop
....
stéthoscope

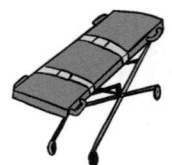

nosila
....
brancard

termometar
....
thermomètre

rođenje
....
accouchement

prekomerna težina
....
surcharge pondérale

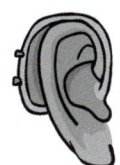

slušni aparat

appareil auditif

sredstvo za dezinfekciju

désinfectant

infekcija

infection

virus

virus

HIV / AIDS

VIH / sida

medicina

médicament

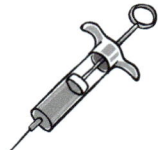

vakcinacija

vaccination

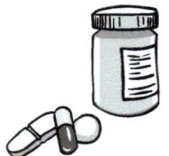

tablete

comprimés

pilula

pilule

hitni poziv

appel d'urgence

uređaj za merenje pritiska

tensiomètre

bolesno / zdravo

malade / sain

alarm
alarme

nasrtaj
assaut

pomoć!
Au secours !

napad
attaque

opasnost
danger

izlaz u slučaju nužde
sortie de secours

protivpožarni aparat
extincteur

nezgoda
accident

požar!
Au feu!

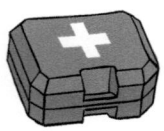

kutija prve pomoći
trousse de premier secours

sos
SOS

policija
police

Evropa

Europe

Severna Amerika

Amérique du Nord

Južna Amerika

Amérique du Sud

Afrika

Afrique

Azija

Asie

Australija

Australie

Atlantik

Océan atlantique

Pacifik

Océan pacifique

Indijski okean

Océan indien

Antarktički okean

Océan antarctique

Arktički ocean

Océan arctique

Severni pol

pôle nord

Južni pol

pôle sud

Antarktik

Antarctique

zemlja

terre

zemlja

pays

more

mer

otok

île

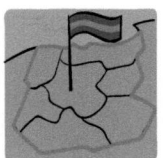

nacija

nation

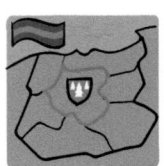

država

état

brojčanik sata

cadran

satna kazaljka

aiguille des heures

minutna kazaljka

aiguille des minutes

sekundna kazaljka

aiguille des secondes

Koliko je sati?

Quelle heure est-il ?

dan

jour

vreme

temps

sada

maintenant

digitalni sat

montre digitale

minuta

minute

čas

heure

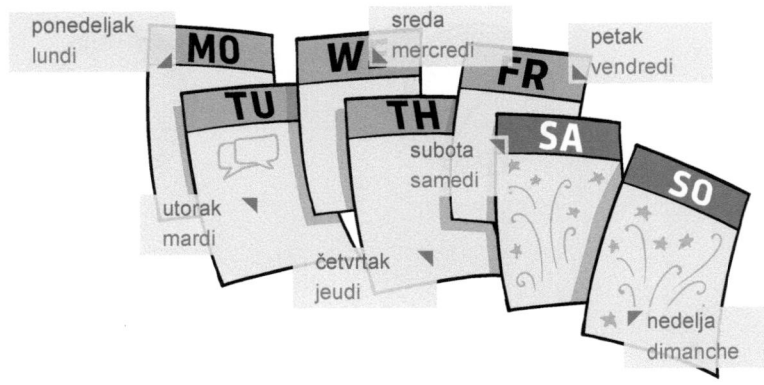

ponedeljak
lundi

sreda
mercredi

petak
vendredi

utorak
mardi

subota
samedi

četvrtak
jeudi

nedelja
dimanche

juče
....
hier

danas
....
aujourd'hui

sutra
....
demain

jutro
....
matin

podne
....
midi

veče
....
soir

MO	TU	WE	TH	FR	SA	SU
1	2	3	4	5	6	7
8	9	10	11	12	13	14
15	16	17	18	19	20	21
22	23	24	25	26	27	28
29	30	31	1	2	3	4

radni dani
....
jours ouvrables

MO	TU	WE	TH	FR	SA	SU
1	2	3	4	5	6	7
8	9	10	11	12	13	14
15	16	17	18	19	20	21
22	23	24	25	26	27	28
29	30	31	1	2	3	4

vikend
....
week-end

godina
année

duga
arc-en-ciel
kiša
pluie
sneg
neige
vetar
vent
proleće
printemps
jesen
automne
leto
été
zima
hiver

4.APRIL 11°
5.APRIL 4°
6.APRIL 13°
7.APRIL 8°
8.APRIL 10°

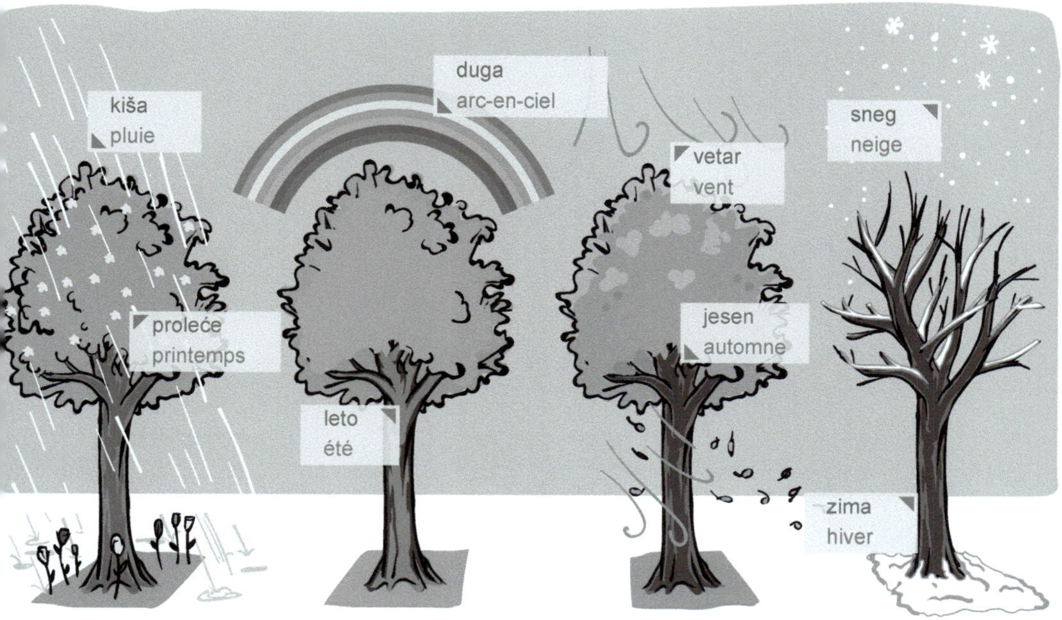

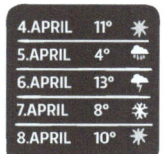

meteorološka prognoza

météo

F
C
120
90
60
30
0
-30
40
30
20
10
0
-10
-20

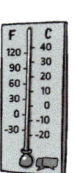

termometar

thermomètre

sunčana svetlost

lumière du soleil

oblak

nuage

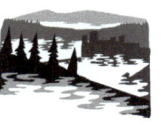

magla

brouillard

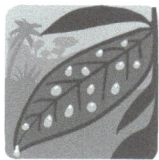

vlažnost vazduha

humidité

munja

foudre

grmljavina

tonnerre

oluja

tempête

tuča

grêle

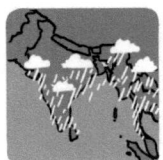

monsun

mousson

poplava

inondation

led

glace

januar

janvier

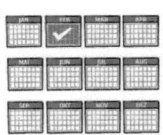

februar

février

mart

mars

april

avril

maj

mai

juni

juin

juli

juillet

avgust

août

septembar
....
septembre

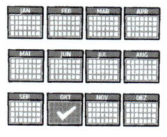

oktobar
....
octobre

novembar
....
novembre

decembar
....
décembre

oblici
formes

krug
....
cercle

kvadrat
....
carré

pravougao
....
rectangle

trougao
....
triangle

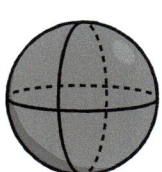

kugla
....
sphère

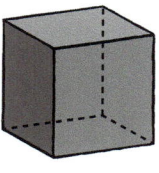

kocka
....
cube

bela
....
blanc

žuta
....
jaune

narandžasta
....
orange

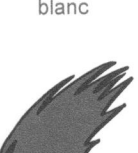

ružičasta
....
rose

crvena
....
rouge

ljubičasta
....
violet

plava
....
bleu

zelena
....
vert

smeđa
....
marron

siva
....
gris

crna
....
noir

mnogo / malo

beaucoup / peu

ljutito / mirno

fâché / calme

lepo / ružno

joli / laid

početak / kraj

début / fin

veliko / maleno

grand / petit

svetlo / tamno

clair / obscure

brat / sestra

frère / soeur

čisto / prljavo

propre / sale

potpuno / nepotpuno

complet / incomplet

dan / noć

jour / nuit

mrtvo / živo

mort / vivant

široko / usko

large / étroit

jestivo / nejestivo
··················
comestible / incomestible

zlo / dobro
··················
méchant / gentil

uzbuđeno / dosadno
··················
excité / ennuyé

debelo / mršavo
··················
gros / mince

na početku / na kraju
··················
premier / dernier

prijatelj / neprijatelj
··················
ami / ennemi

puno / prazno
··················
plein / vide

tvrdo / mekano
··················
dur / souple

teško / lagano
··················
lourd / léger

glad / žeđ
··················
faim / soif

bolesno / zdravo
··················
malade / sain

ilegalno / legalno
··················
illégal / légal

pametno / glupo
··················
intelligent / stupide

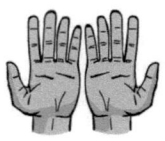

levo / desno
··················
gauche / droite

blizu / daleko
··················
proche / loin

novo / polovno
nouveau / usé

ništa / nešto
rien / quelque chose

staro / mlado
vieux / jeune

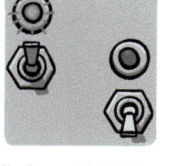

uključeno / isključeno
marche / arrêt

otvoreno / zatvoreno
ouvert / fermé

tiho / glasno
faible / fort

bogato / siromašno
riche / pauvre

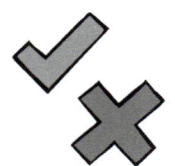

tačno / pogrešno
correct / incorrect

hrapavo / glatko
rugueux / lisse

tužno / sretno
triste / heureux

kratko / dugo
court / long

polako / brzo
lent / rapide

mokro / suho
mouillé / sec

toplo / hladno
chaud / froid

rat / mir
guerre / paix

0

nula

zéro

1

jedan

un / une

2

dva

deux

3

tri

trois

4

četiri

quatre

5

pet

cinq

6

šest

six

7

sedam

sept

8

osam

huit

9

devet

neuf

10

deset

dix

11

jedanaest

onze

12

dvanaest

douze

13

trinaest

treize

14

četrnaest

quatorze

15

petnaest

quinze

16

šestnaest

seize

17

sedamnaest

dix-sept

18

osamnaest

dix-huit

19

devetnaest

dix-neuf

20

dvadeset

vingt

100

stotinu

cent

1.000

hiljadu

mille

1.000.000

milion

million

engleski

anglais

američki engleski

anglais américain

mandarinski kineski

chinois mandarin

hindski

hindi

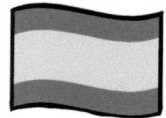

španski

espagnol

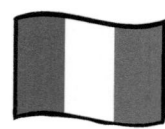

francuski

français

arapski

arabe

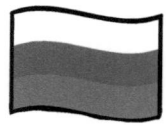

ruski

russe

portugalski

portugais

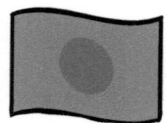

bengalski

bengali

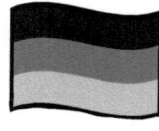

nemački

allemand

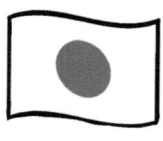

japanski

japonais

ja
je

ti
tu

on / ona / ono
il / elle / ce, c', cela

mi
nous

vi
vous

oni
ils / elles

Ko?
Qui ?

Šta?
Quoi ?

Kako?
Comment ?

Gde?
Où ?

Kada?
Quand ?

ime
nom

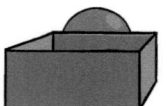

iza
....
derrière

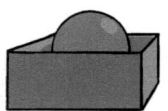

u
....
dans

ispred
....
devant

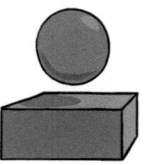

preko
....
au-dessus

na
....
sur

ispod
....
en-dessous

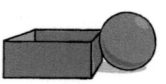

pored
....
à côté de

između
....
entre

mesto
....
lieu